AF132016

LEKTÜRE HILFE

Wer die Nachtigall stört

Nell Harper Lee

Verfasst von Aude Decelle
und Alexandre Randal
Übersetzt von Miriam Traub

DER QUERLESER

DER QUERLESER

Auf derQuerleser.de findest Du:
Zahlreiche verständliche und
detaillierte Lektürehilfen in
Nullkommanichts in digitaler
Version oder als Taschenbuch.

derQuerleser.de

NELLE HARPER LEE

AMERIKANISCHE SCHRIFTSTELLERIN

- **Geboren 1926 in Alabama**
- **Gestorben 2016 ebenfalls in Alabama**
- **Einige ihrer Werke**:
  - *Wer die Nachtigall stört* (1960), Roman
  - *Geh hin, stelle einen Wächter* (2015), Roman

Nelle Harper Lee wurde 1926 in Alabama geboren und begann dort ihr Jurastudium, bevor sie schließlich nach New York zog und dort einige Zeit bei einer Fluggesellschaft arbeitet, während sie ihre freie Zeit dem Schreiben widmete. *Wer die Nachtigall stört* erschien 1960 und wurde unmittelbar zu einem großen Erfolg. Zwei Jahre später wurde der Roman von Robert Mulligan mit Gregory Peck in der Hauptrolle verfilmt.

Viele Jahre hinweg war dies das einzige Werk Nelle Harper Lees, deren Leben auch heute noch geheimnisvoll ist. Doch 2015 erschien schließlich zur allgemeinen großen Überraschung ihr zweiter Roman *Geh hin, stelle einen Wächter*. Sie starb im Februar 2016.

WER DIE NACHTIGALL STÖRT

ANSICHTEN EINES KINDES ÜBER DEN ERNST DER WELT

- **Textgattung:** Roman
- **Herangezogene Ausgabe:** Harper Lee, Nelle: *Wer die Nachtigall stört*, aus dem Englischen von Claire Malignon, Rowohlt Taschenbuch, Reinbek, 1978
- **Erstausgabe:** 1960
- **Themen:** Kindheit, Rassismus, Desillusionierung, Diskriminierung, Fortschritt

Wer die Nachtigall stört erschien 1960 in Nordamerika mitten im Kampf für die Bürgerrechte der Schwarzen. Der Roman erhielt 1961 den Pulitzer Preis, wurde in mehr als 40 Sprachen übersetzt und mehr als 30 Millionen Exemplare wurden weltweit verkauft. Er handelt von dem 7-jährigen Mädchen Scout, deren Vater Rechtsanwalt ist und einen Schwarzen verteidigt, der der Vergewaltigung einer Weißen bezichtigt wird.

Die Geschichte spielt in einer Kleinstadt Alabamas in den 30er Jahren zum Zeitpunkt der Weltwirtschaftskrise. Sie zeichnet sich besonders durch die naive und häufig humorvolle Sichtweise Scouts aus, die die Leichtigkeit kindlicher Erinnerung mit dem bedrückenden Ernst des Rassismus mischt.

INHALTSANGABE

Scout und Jem Finch sind 6 und 10 Jahre alt und leben in Maycomb in Alabama. Sie wohnen nicht weit von dem geheimnisvollen Haus der Familie Radley, das ihre Neugierde weckt und ihnen gleichzeitig Angst einjagt. Während der Ferien lernen sie Dill kennen, der den Sommer bei seiner Tante verbringt. Die drei Kinder freunden sich rasch an und spielen trotz des Verbots von Atticus, Scouts und Jems Vater, miteinander in der Nähe des Haus der Radleys. Eines Abends, als die Kinder sich auf die Veranda des Hauses wagen, werden sie von einem Schatten überrascht und fliehen. Ein Schuss ist zu hören und sie laufen panisch davon. Auf der Flucht verliert Jem seine Hose und Dill erfindet dafür eine Ausrede, um dies seinem Vater zu erklären.

Im September wird Scout eingeschult, doch sie ist enttäuscht von ihrer Grundschullehrerin, deren pädagogische Maßnahmen den armen Kindern aus Maycomb nicht angepasst sind. Scout, die seit langer Zeit lesen und schreiben kann, zieht den Zorn der Lehrerin auf sich, die ihr schließlich sogar das Lesen verbietet. Die Strafe ist schrecklich für das Mädchen, denn sie liebt es, morgens gemeinsam mit ihrem Vater die Zeitung durchzublättern. Seit diesem Tag will Scout nicht mehr in die Schule gehen, bis ihr Vater ihr einen Kompromiss vorschlägt: Wenn sie weiterhin zur Schule geht, darf sie trotzdem mit ihm die Zeitung lesen. Scout ist einverstanden. Auf dem Heimweg von der Schule finden Scout und Jem immer wieder Kaugummipackungen, die in einem Baum vor dem Grundstück des Radley Hauses versteckt sind

Mit dem Winter kommt der Schnee, was in Maycomb eine wahre Seltenheit ist. Die Schule fällt aus und Jem und Scout bauen das erste Mal in ihrem Leben einen Schneemann. Eines Nachts weckt Atticus die Kinder und schickt sie auf die Straße, denn das Haus der Nachbarn hat Feuer gefangen. Ohne dass Scout es merkt, legt Arthur Radley, der Bewohner des Radley Hauses, ihr eine Decke um die Schulten.

Der Vater der Kinder ist Anwalt und wurde Tom Robinson als Pflichtverteidiger zugeteilt, ein Schwarzer, der beschuldigt wird, eine Weiße vergewaltigt zu haben. In der Schule und in der ganzen Stadt wird die gesamte Familie deswegen offen mit Verachtung gestraft und Scout prügelt sich sogar mit einem Mitschüler, der sie damit aufzieht. Ihr Vater versucht, sie auf den kommenden Prozess vorzubereiten und ihr die Konsequenzen für die ganze Familie klarzumachen. Eines Tages treffen Scout und Jem in der Stadt Mrs Dubose, eine griesgrämige alte und kranke Dame, die aufgrund des Prozesses gegen sie stichelt. Jem wird wütend und zerstört ihre Blumen, woraufhin Atticus ihm befiehlt, sich bei ihr zu entschuldigen. Als Entschädigung verlangt Mrs Dubose, dass er ihr einen Monat lang vorliest, und so besuchen die Geschwister die alte Dame jeden Tag. Nach ihrem Tod erfahren sie, dass diese Besuche Mrs Dubose geholfen haben, vom Morphium loszukommen.

Jem verändert sich mit der Zeit. Er wird älter, zieht sich zurück und seine Schwester versteht ihn immer weniger. Scout erfährt, dass Dill diesen Sommer nicht bei seiner Tante verbringen wird, Doch eines Nachts finden die Kinder ihn versteckt unter einem Bett in ihrem Haus, unter dem er, nachdem er von Zuhause ausgerissen ist,

Zuflucht gesucht hat. Atticus erklärt sich damit einverstanden, dass der Junge einige Tage bei ihnen bleiben kann und auch die Tante der beiden Kinder, Alexandra, zieht bei ihnen ein. Doch das Zusammenleben stellt sich als schwierig heraus und es kommt immer wieder zu Streit.

Am Tag des Prozesses scheint sich die gesamte Gegend im Gerichtssaal versammelt zu haben. Die Kinder erscheinen ebenfalls und da der Raum bereits überfüllt ist, nehmen sie auf der Tribüne Platz, die für die Schwarzen bestimmt ist. Die Verhandlung beginnt mit einer Zeugenaussage Bob Ewells, dem Vater des jungen Mädchens, das vergewaltigt worden sein soll. Die Ewells sind eine der ärmsten und am wenigsten geachteten Bewohner der Stadt. Der Angeklagte Tom Robinson soll Mayella, das mutmaßliche Opfer, verletzt haben, doch Atticus hegt Zweifel daran, da der linke Arm seines Klienten missgebildet ist und die Verletzungen eindeutig von einem Linkshänder stammen.

Die Zeugenaussage des angeblichen Opfers ist wirr und bringt ihre bedauernswerten Lebensumstände ans Licht. Doch sie beharrt auf ihrer Aussage, Tom Robinson habe sie vergewaltigt und geschlagen. Schließlich hat der Angeklagte das Wort. Er beschreibt Mayella als sehr einsam, sie habe ihn zu sich gelockt, um ihn zu verführen, doch er habe sie abgewiesen. Daraufhin seien sie von ihrem Vater überrascht worden und sie habe die Geschichte von der Vergewaltigung erfunden. Atticus verteidigt die Aussage des Schwarzen und weist auf die rassistischen Vorurteile hin, die den Ausgang des Falls beeinflussen. Trotzdem wird der Angeklagte als schuldig verurteilt und die Kinder sind zutiefst schockiert von der Ungerechtigkeit.

Am nächsten Morgen bemerkt Atticus gerührt, dass die schwarze Gemeinde Essen auf seiner Veranda abgestellt hat, um ihm zu danken. Er fährt in die Stadt, wo Bob Ewell ihn bespuckt und bedroht. Später erfährt er, dass Tom Robinson während eines Fluchtversuchs getötet wurde.

Alexandra, die Tante der Kinder, organisiert einen Kaffeekranz mit den Damen von Maycomb. Scout fühlt sich in dieser Versammlung von Damen, die alle sehr auf ihr weibliches Auftreten bedacht sind unwohl, denn sie versteht deren Werte nicht. Ihre Tante verhält sich in dieser Situation mutig und menschlich, was Scout beeindruckt und sie dazu bringt, ihre Meinung über sie zu ändern und es nicht mehr strikt abzulehnen, zu einer Dame zu werden.

Als die Schule wieder beginnt, zieht sich der heranwachsende Jem immer mehr zurück. Scout hingegen beschäftigt sich noch immer mit dem Haus der Radleys, das ihr nun weniger Angst einjagt.

Für Atticus scheint das Leben, bis auf einige Vorfälle mit Bob Ewell, wie zuvor weiterzugehen. Am Halloweenabend muss Scout an einer Schulaufführung teilnehmen, die der Geschichte der Stadt gewidmet ist und in der die Kinder als Lebensmittel verkleidet auftreten – Scout als Schinken. Doch während der Aufführung schläft sie hinter den Kulissen ein und verpasst ihren Einsatz. Aus Scham bleibt sie in ihrem Schinken-Kostüm, um unerkannt nach Hause gehen zu können.

Auf dem Heimweg werden sie und Jem von Bob Ewell angegriffen, doch Arthur Radley greift in das Geschehen ein und rettet die beiden. Als der Sheriff am Tatort eintrifft, findet er Bobs Leiche vor und allen ist klar, dass er versucht hat, die

Kinder zu töten. Atticus glaubt zunächst, dass Jem ihn aus Notwehr getötet hat, doch der Sheriff erklärt ihm, dass Arthur Bob erstochen hat, was jedoch besser nicht ans Licht kommen sollte.

Scout begleitet ihren Retter nachhause. Sie stellt sich vor, wie es wohl wäre, er zu sein, sie und ihren Bruder beim Spielen auf der Straße zu beobachten, und ruft sich dabei alle Ereignisse der letzten Monate noch einmal in Erinnerung.

PERSONENANALYSE

SCOUT (JEAN LOUISE FINCH)

Scout, die Hauptfigur und Erzählerin des Romans, ist zu Beginn der Erzählung 6 Jahre alt. Sie ist sehr aufgeweckt und burschikos, weiß sich durchaus zu wehren und hängt sehr an ihrem älteren Bruder, mit dem sie allerhand kindliche Dummheiten ausbrütet. Ihre Freunde sind ausschließlich Jungen und sie ist erstaunlicherweise die einzige weibliche Person ihres Alters in dem Buch.

Scout beschäftigt sich viel mit ihrem Umfeld, sie stellt viele Fragen, versucht, zu verstehen, und beobachtet die Menschen, die ihr begegnen. Trotz ihrer kindlichen Naivität ist sie bisweilen sehr scharfsinnig. Die Erwachsenenwelt kann sie trotzdem nicht immer deuten, sie für sie eine ständige Quelle der Verwunderung. Ihre humorvolle Sichtweise hebt die Absurdität und Widersprüchlichkeit der damaligen gesellschaftlichen Regeln hervor und gibt gleichzeitig die ausgelassene und naive Seite der Kindheit wieder.

Während sie zu Beginn des Romans noch impulsiv und unbekümmert ist, wird sie im Laufe der darauffolgenden Monate weiser und reifer, nicht zuletzt, weil sie mit dem Übel der Welt, darunter Rassismus und Ungerechtigkeit, konfrontiert wird. Ihr Vater lehrt sie, einen Kompromiss einzugehen, der darin besteht, die Realität der damaligen Welt zu akzeptieren und dennoch nach den essentiellen moralischen Prinzipien zu leben.

JEM (JEREMY FINCH)

Jem ist vier Jahre älter als seine Schwester. Auch er macht im Laufe der Handlung eine Veränderung durch und wird von einem kleinen Jungen zu einem heranwachsenden jungen Mann. Er ist der perfekte große Bruder, begleitet Scout bei den meisten ihrer Abenteuer, wird manchmal zu ihrem Beschützer, berät sie und gibt ihr seine Lebensweisheiten weiter, da er älter und damit etwas erfahrener ist als sie.

Oft erinnert er sich an seine Mutter, die vor mehreren Jahren starb und unter dessen Verlust er noch immer zu leiden hat. Scout hingegen hat sie kaum kennengelernt und denkt deshalb nicht oft an sie.

DILL (CHARLES BAKER HARRIS)

Dill, ein Freund von Scout und Jem, ist Waise und verbringt seine Sommerferien bei deren Nachbarin Miss Rachel Haverford, die er als seine Tante bezeichnet. Er ist phantasievoll und erfindet stets unglaubliche Geschichten. Scout sieht er als seine Verlobte an und drückt seine Zuneigung durch flüchtige Küsse und Liebesbriefe aus. Harper Lee hat sich bei diesem Charakter von dem amerikanischen Schriftsteller Truman Capote (1924-1984) inspirieren lassen, mit dem sie seit ihrer Kindheit befreundet ist.

ATTICUS FINCH

Atticus ist der Vater Scouts und Jems. Er ist um die 50 Jahre alt, Witwer, und zieht seine beiden Kinder alleine und mit für die damalige Zeit sehr liberalen Prinzipien groß. Der Anwalt übernimmt die Verteidigung des zu Unrecht wegen Vergewaltigung einer Weiße angeklagten Tom Robinsons, obwohl er weiß, dass der Fall aussichtslos ist.

Im Umgang mit seinen Kindern ist er sehr verständnisvoll und feinfühlig, er kann sowohl auf gerechte Weise streng, als auch herzlich und liebevoll sein. Doch seine liberale Erziehung wird in Maycomb nicht gutgeheißen: Seine Schwester wirft ihm vor, Scout und Jem zu zwei Wilden aufzuziehen und der Gipfel des Skandals besteht darin, dass Scout eine Latzhose trägt, und kein hübsches Kleid, wie die anderen Mädchen in ihrem Alter.

Während der gesamten Handlung ist Atticus für die Erzählerin die wichtigste Stütze. Zwar stellt er hohe Erwartungen an sie, doch er respektiert sie zugleich sehr und seine zärtliche und verständnisvolle Liebe helfen ihr dabei, ihren Weg zu finden.

Er behandelt seine Kinder respektvoll, redet mit ihnen wie mit Erwachsenen und zeigt ihnen trotzdem ihre Grenzen auf. Wenn sie ihm Fragen stellen, lügt er sie nicht an und versucht nicht, ihnen etwas zu verheimlichen. Im Gegenteil, er bemüht sich, ihnen zu helfen, die Welt zu verstehen und sie auf die Zukunft vorzubereiten. Auch wenn es zu Streit oder Bestrafungen kommt, legt er darauf wert, dass seine Kinder sich in die Lage anderer versetzen, anstatt sie zu hassen oder zu verachten. Er schärft ihnen besonders ein, dass sie andere nicht verurteilen sollen.

Durch die Gespräche und seine Erziehung gibt er den Kindern nicht nur wichtige Werte mit auf den Weg, sondern geht auch mit gutem Beispiel voran. Als ehrbarer und mitfühlender Menschzögert er nicht davor, einen aussichtslosen Fall zu übernehmen, weil er weiß, dass es seine Pflicht ist und er stark genug ist, diese Bürde zu tragen. Als Figur mit christlichen Ansichten wird er von den anderen oft damit betraut, sich Schwierigkeiten zu stellen, denen sie selbst nicht gewachsen sind. Die Last der Ungerechtigkeit dieser instabilen Gesellschaft, die auf seinen Schultern liegt, macht aus dem Prozess gewissermaßen seinen „Kreuzweg" dessen Ziel er letztendlich aber nicht erreichen kann. Doch er hat die Herausforderung angenommen und damit seinen Kindern beigebracht, was Mut und Würde sind, so wie er es dank seines Charakters während des gesamten Werks tut.

Er ist in allem, was er tut, ein beispielhafter moderner Vater in dieser ländlichen Kleinstadt der amerikanischen Südstaaten der 30er Jahre.

CALPURNIA

Calpurnia, die schwarze Köchin 'der Finchs, gehört zur Familie und hilft bei der Erziehung der Kinder, die ihre Mutter sehr früh verloren haben. Da sie ebenfalls streng, aber gerecht ist, stimmt sie mit Atticus in den meisten Fragen, die Erziehung und Moral betreffen, überein. Als eine der wenigen Personen der schwarzen Gemeinde kann sie lesen und schreiben und bringt das auch Scout bei.

TANTE ALEXANDRA

Tante Alexandra ist Atticus' Schwester und lebt in einer Welt strenger Prinzipien, weshalb sie die Erziehung ihres Bruders nicht gutheißen kann. Sie glaubt, als Autoritätsperson in die Erziehung der Kinder eingreifen zu dürfen und versucht, Scout nach ihren Vorstellungen zu formen, indem sie sie zwingt, Kleider zu tragen und am Kaffeeklatsch der feinen Damen von Maycomb teilzunehmen.

Trotzdem beweist sie Loyalität gegenüber Atticus, stärkt ihm während und nach dem Prozess den Rücken und erweist sich schließlich als menschlicher, als es den Anschein hatte.

DIE NACHBARSCHAFT

Jedermann kennt sich in dieser Kleinstadt und so sind die nachbarlichen Beziehungen äußerst eng. Scout unterscheidet zwischen Nachbarn, die ihr feindlich oder gleichgültig gestimmt sind (wie die geschwätzige und neugierige Miss Stephanie Crawford) und denjenigen, auf die sie zählen kann, wie Miss Maudie Atkinson, eine Witze die so alt ist wie Atticus und ebenfalls seine edlen und offenen Ansichten teilt.

Das Haus der Familie Radley erweckt die Neugier aller Bewohner Maycombs und insbesondere der Finch Kinder, denn die Familie ist nie zu sehen und ihr Sohn Arthur „Boo" wird als überaus furchterregend beschrieben.

INTERPRETATION

DIE RASSENTRENNUNG IN DEN VEREINIGTEN STAATEN

Rassismus und Diskriminierung in den ländlichen Gebieten der USA in den 30er Jahren

Der gesamte Roman dreht sich um das Thema Rassismus und durch den Prozess befasst er sich insbesondere mit der Segregation und den Regeln, die das Verhältnis zwischen Schwarzen und Weißen bestimmen. Damals lebten die beiden Gemeinden getrennt voneinander und der Alltag der Farbigen war von Ungerechtigkeit und Rassismus geprägt. Dabei ist zu bedenken, dass Martin Luther Kings (amerikanischer Priester und pazifistischer Anführer der schwarzen Bürgerrechtsbewegung) Kampf gegen die Rassentrennung erst in den 60er Jahren begann – der Zeit, zu der der Roman geschrieben wurde.

Unter diesem Gesichtspunkt unterscheiden sich die Finchs noch deutlicher von der Gesellschaft, in der sie leben. Atticus behandelt alle Menschen gleich, egal ob sie schwarz oder weiß, arm oder reich, gebildet oder ungebildet sind. Calpurnia gehört zur Familie und es stört ihn keinesfalls, dass Scout sie bei sich zuhause besucht, oder dass seine Kinder an der Messe der schwarzen Gemeinde teilnehmen. Mit seinen Grundsätzen schwimmt er gegen den Strom der damaligen Gesellschaft und muss sich dafür manchmal in seiner eigenen Familie rechtfertigen, wie zum Beispiel als seine Schwester Alexandra ihn auffordert, Calpurnia zu entlassen.

Der Rassismus der meisten Einwohner Maycombs führt zur generellen Diskriminierung jeder irgendwie andersartigen Person. Die Erwachsenen scheinen in einem Netz aus Prinzipien und Regeln gefangen, die ihr Handeln und ihre Beziehungen untereinander bestimmen. Mr Dolphus Raymond beispielsweise, hat eine schwarze Frau geheiratet und gibt vor, ein Alkoholiker zu sein, damit man ihn in Frieden lässt. Denn in den Augen der anderen Bewohner genügt seine Sucht, um seine Abweichung der Norm zu rechtfertigen. Die Scheinheiligkeit und sektenähnliche Zugehörigkeit sind das Vorrecht der Weißen und charakteristisch für viele Menschen, die in ihrem Denken festgefahren und oft lächerlich sind. Dazu gehört auch Tante Alexandra, die unerschütterliche Prinzipien hat, welches Verhalten passend ist und welches nicht, in welchen Kreisen man sich bewegen darf, welche Kleidung eine Dame trägt, etc. Diese Züge finden sich bei vielen anderen weiblichen Charakteren: Stephanie Crawford verkörpert eine hinterhältige Form der Diskriminierung, während Scouts Grundschullehrerin durch ihre pädagogisch Werte hervorsticht, die dem ländlichen Milieu, in dem sie arbeitet, nicht im Geringsten angepasst sind.

Das Wertesystem der Gesellschaft ist vom urbanen und ländlichen Milieu, von Elend und Wohlstand geprägt, jeder Mensch nimmt einen bestimmten Rang ein, insbesondere während der Weltwirtschaftskrise. Hohe Arbeitslosigkeit und Hunger sind die Folgen des Börsencrashs von 1929 und in Europa erleichtern die Auswirkungen Hitler (1889-1945) den Machtaufstieg. Die Grenzen zwischen den Gesellschaftsschichten sind unüberwindbar und die wenigen, die es wagen, zahlen einen hohen Preis, wie Mayella

Ewell, das vermeintliche Vergewaltigungsopfer, das sich Tom Robinson annäherte.

GO SET A WATCHMAN

Geh hin, stelle einen Wächter ist der zweite Roman der Autorin und erschien im Juli 2015. Obwohl sie das Buch sogar bereits 1957 und damit vor *Wer die Nachtigall stört* geschrieben hatte, wird es als die Fortsetzung angesehen. Der Roman spielt etwa 20 Jahre nach dem ersten in den 1950er Jahre. Scout ist nun 26 Jahre alt und lebt in New York. Sie kehrt für einige Zeit in ihre Heimatstadt Maycomb zurück, die als literarisches Pendant zu Monroeville gesehen werden kann, der Stadt, in der Harper Lee aufwuchs. Dabei wird Scout rasch klar, dass ihr Vater Atticus Finch, der Humanist, Anwalt Tom Robinsons und Verteidiger der schwarzen Bürgerrechtsbewegung 20 Jahre zuvor, nicht der Held mit der weißen Weste, für den sie ihn in ihrer Kindheit hielt, sondern selbst ein Befürworter der Segregation ist. Dies macht das zweite Werk nicht nur pessimistischer, sondern lässt auch die Grenzen zwischen Gut und

Böse verschwimmen und macht damit deutlich, dass Rassismus in unterschiedlichen Nuancen existieren kann.

Dem Buch wurde bei seiner Veröffentlichung starke mediale Aufmerksamkeit zuteil und schon wenige Wochen nach der Erscheinung brachen die Verkaufszahlen sämtliche Rekorde.

Die Gesetze der Segregation

Nach dem Amerikanischen Bürgerkrieg (1861-1865) und der Abschaffung der Sklaverei 1865 befand sich das gesamte Land in einer Übergangsphase, die „Reconstruction" genannt wird. Ab 1876 wurden in den Südstaaten Amerikas verschiedene Gesetze verabschiedet, die die Bürger je nach ihrer ethnischen Zugehörigkeit vor Gericht unterschiedlich behandelten. Damit entstand ein rechtmäßiges System der Segregation, das in den Südstaaten fast ein Jahrhundert lang bestehen blieb.

Diese Gesetze führten zu diskriminierenden und xenophoben Handlungen gegenüber den Afroamerikaner, die bis zu Lynchjustiz und

Tötung gingen. In Alabama beispielsweise, wo auch *Wer die Nachtigall stört* spielt, gab es sogar in Busbahnhöfen verschiedene Warteräume und Schalter je nach Hautfarbe. Nach Einschätzung des amerikanischen Historikers Howard Zinn (1922-2010) wurden zwischen 1889 und 1903 durchschnittlich zwei Afroamerikaner pro Woche erhängt, bei lebendigem Leibe verbrannt, oder verstümmelt (Zinn, Howard: *Eine Geschichte des amerikanischen Volkes*, S. 361). Eine Studie aus dem Jahr 2015 fand heraus, dass in den Jahren 1877-1950 etwa 4 000 Afroamerikaner gelyncht wurden. Die New York Times veröffentlichte eine Karte der Südstaaten, in der sie die 73 Jahre der Lynchjustiz auf die einzelnen Staaten bezogen darstellten („Map of 73 Years of Lynchings", *New York Times*, Februar 2015). Diese Verbrechen der Weißen gehörten zum Alltag, wurden nicht als Verbrechen wahrgenommen und endete häufig mit Erhängung ihrer Opfer.

Auch die Justizurteile, die damals verhängt wurden, waren alles andere als gerecht, wie beispielsweise im Fall der Scottsboro Boys im Jahr 1931 deutlich wird. Dieser Prozess stellte einen wichtigen Moment im Kampf gegen die

Diskriminierung der Afroamerikaner dar und war zweifellos auch für Harper Lee von großer Bedeutung, die kurz darauf ihren Roman schrieb. Am 25. März 1931 beschuldigten zwei junge weiße Frauen in Scottsboro in Alabama zu Unrecht neun schwarze Männer im Alter von 13-19, sie vergewaltigt zu haben. Acht der Jungen wurden ohne jeglichen Beweis zum Tode durch Erhängen verurteilt. Der ILD (International Labor Defense), eine kommunistische Organisation zur Verteidigung der Bürgerrechte, gelang es, die Urteilsvollstreckung aussetzen und den Prozess in Berufung zu schicken. Damit begann ein politischer Kampf, der 15 Jahre lang dauern sollte. Der letzte der Gefangenen kam erst 1946 endlich frei. Dieser Prozess wurde zum Symbol für den Kampf der Rassenfreiheit In den Vereinigten Staaten und hat unter mehreren Gesichtspunkten die schwarze Bürgerrechtsbewegung mitbegründet.

Wusstest Du Schon?

Nicht nur Harper Lee wurde durch diese Ungerechtigkeit geprägt. Auch der französische Philosoph und Schriftsteller Jean-Paul Sartre (1905-1980) ließ sich von dem

Fall inspirieren und schrieb daraufhin sein Theaterstück *Die ehrbare Dirne*.

Am 1. Dezember 1955 wurde Rosa Parks (1913-2005) ebenfalls zur Heldin und zum Symbol des Kampfes gegen den Rassismus in der Justiz und der Mentalität der Bürger. Bei einer Busfahrt in Montgomery, Alabama, weigerte sich die 42-jährige Näherin, ihren Sitzplatz einem Weißen zu überlassen. Sie wurde zur Zahlung einer Geldbuße verurteilt und damit begann der Boykott der Stadtbusse, der von einer von Martin Luther King angeführten Bürgerrechtsbewegung gestartet wurde. Die Rassentrennung in amerikanischen Bussen wurde am 13. November 1956 abgeschafft. Das war der erste Sieg und der Beginn einer langen Serie von Kämpfen für die komplette Abschaffung der Rassengesetze.

DER KINDLICHE SCHREIBSTIL

Der Roman wird aus der Sicht Scouts erzählt, die zu Beginn des Buchs 6 und am Ende 9 Jahre alt ist. Dadurch ist die Sichtweise gleichzeitig naiv und scharfsinnig und grenzt so fast an Zynismus. Der Leser spürt die Präsenz der erwachsenen

Autorin, die durch ihre kindliche Erzählerin simple Analysen mit der grausamen Realität vermischt. Selbst wenn Scout sich täuscht und ihre Wahrnehmung der Situation falsch ist, weist die Autorin darauf hin, indem sie den Ton ändert. Der Erzählstil hat die meiste Zeit einen sehr humorvollen Effekt.

Der binäre Rhythmus der Erzählung stellt den Sommer bzw. die Ferien dem Winter und der Schulzeit entgegen und zeigt die Form von Freiheit, die die Schulferien für ein Kind bedeuten. Denn in dieser Zeit können sie spielen, entdecken, lernen und damit reifer werden. Die Tage scheinen also lang, während die Momente der Schulzeit, bis auf Scouts genauestens dargestellten ersten Schultag, sehr kurz beschrieben werden und so eine systematische temporale Ellipse einläuten.

EIN ROMAN ÜBER DAS ERWACHSENWERDEN: VON DER GLÜCKLICHEN KINDHEIT ZUR DESILLUSIONIERUNG

Der Leser erlebt mit, wie Scout und Jem reifer werden und von naiven Kindern zu heranwachsenden jungen Leuten werden. Ihre Entwicklung wird durch Anekdoten erzählt, was den Roman manchmal wie eine Novellensammlung erscheinen lässt, die unabhängig voneinander gelesen werden können. Einige sind leicht und andere schwermütig und mit jeder Geschichte scheinen die Kinder eine andere Lebensweisheit zu lernen, einen neuen Aspekt der menschlichen Natur zu entdecken und so andere Menschen besser kennenzulernen und Unterschiede zu akzeptieren. Ihr Vater führt sie gerecht und mit klaren Ansichten durch die Welt, dabei ist er nie zu negativ oder subjektiv.

Die Entwicklung der Erzählerin Scout wird noch genauer geschildert. Mit fortlaufender Handlung verliert sie ihre Illusionen immer mehr und erkennt beispielsweise, dass sie in der Schule nicht das lernt, was wirklich wichtig ist. Sie lernt,

Abstand von ihrem Bruder zu nehmen, der in seiner Entwicklung manchmal das Bedürfnis hat, sich abzuschotten und so die enge Bindung der beiden lockert. Durch diese Distanzierung betrachtet sie sich zum ersten Mal unabhängig von ihm und kann akzeptieren, dass sie ein Mädchen ist. Als Beispiel für Weiblichkeit nimmt sie ihre Tante, der sie letztendlich doch einige positive Eigenschaften anrechnet.

Der Prozess zeigt den drei Kindern Scout, Jem und Dill, wie ungerecht und unperfekt die Justiz ist, die eine harte und grausame Welt widerspiegelt. Trotzdem lassen Atticus Finchs Ansichten Platz für Hoffnung und Toleranz. Denn dem Anwalt gelingt es, selbst in den größten Katastrophen etwas Positives zu finden. Angesichts des ungerechten Urteils der Geschworenen erklärt er seinen Kindern, dass er durch die Verteidigung Tom Robinsons trotz allem etwas gewonnen hat: Der Fall ist ein Schritt in Richtung der Rassengleichheit und im Vergleich zu allen anderen Fällen, in denen Schwarze automatisch schuldig gesprochen wurden, höchst bemerkenswert. Damit versucht er auch, sich selbst zu trösten, denn das Verlieren des Falls ist ihm selbst sehr nahe gegangen, obwohl er sich über den Ausgang von Anfang an im Klaren war.

Am Ende des Romans, nach dem Angriffs Bob Ewell auf die Kinder, realisiert Scout, dass die Ereignisse sie und ihren Bruder haben älter werden lassen, dass sie „nun bald erwachsen wären und nicht mehr viel zu lernen hätten, höchstens Algebra."

ZUM NACHDENKEN

FRAGEN ZUR VERTIEFUNG

- Inwiefern wird Scouts Entwicklung sowohl durch die allgemeine Geschichte (Bürgerkrieg, Rassentrennung, etc.) als auch ihre Familiengeschichte beeinflusst?
- Das Leben der Bewohner von Maycomb ist durch Bräuche und Konventionen geregelt. Sind diese verantwortlich für die starre Haltung der Bürger? Oder dienen sie eher als Trennwand, durch die sich die Bürger von gewissen moralischen Verpflichtungen befreien und aus der Verantwortung ziehen können?
- Beschreibe, inwiefern die Frauen des Romans eine wichtige Rolle bei der Erziehung und Vermittlung von Regeln spielen und nenne ihre herausstechenden Eigenschaften. Sind Deiner Meinung nach die moralisch vertretbaren und sympathischen weiblichen Charaktere des Buches die, die den Männern am meisten ähneln?
- Schwarze und Weiße verkehren in dem Roman

zwar miteinander, kennen sich aber kaum und leben in zwei voneinander abgeschotteten Welten. In welchen Momenten der Handlung treffen diese beiden Welten aufeinander?

- Inwiefern ähnelt der Prozess einem Theaterstück, einer menschlichen Tragikomödie?
- Die Charaktere werden kaum äußerlich beschrieben, sondern zeichnen sich durch ihre Taten und Worte aus? Untersuche auf dieser Basis die Protagonisten und beschreibe sie mithilfe von Wortfeldern.
- Was hat Deiner Meinung nach zum großen Erfolg des Werks geführt?
- Vergleiche das Buch mit dem gleichnamigen Film von Robert Mulligan. Welche Unterschiede kannst Du feststellen?
- Kannst du eine Parallele zwischen der Gesellschaft der Rassentrennung der USA und Deutschland zur Zeit des Nationalsozialismus ziehen? Begründe Deine Antwort.
- Erkläre den Titel des Romans.

Deine Meinung ist uns wichtig!
Hinterlasse doch einen Kommentar auf der Seite
unserer Online-Buchhandlung
und teile Deine Favoriten in den sozialen
Netzwerken!

DARÜBER HINAUS

HERANGEZOGENE AUSGABE

- Harper Lee, Nelle: *Wer die Nachtigall stört*, aus dem Englischen von Claire Malignon, Rowohlt Taschenbuch, Reinbek, 2008

SEKUNDÄRLITERATUR

- Johnson D., Claudia: *Understanding To Kill a Mockingbird: A Student Casebook to Issues, Sources, and Historic Documents*, Greenwood Publishing Group, 1994
- Lehming, Malte: *Amerikanische Lesart*, auf tagesspiegel.de, letzter Zugriff: 10.10.17, http://m.tagesspiegel.de/amerikanische-les-art/295030.html

VERFILMUNG

- *Wer die Nachtigall stört*, Film von Robert Mulligan, mit Gregory Peck, USA, 1962

derQuerleser.de
Literatur auf den Punkt gebracht!

Die präsentierten Inhalte werden vom Herausgeber
überprüft, dennoch übernimmt dieser keine Haftung
für die inhaltliche Richtigkeit, Vollständigkeit und
Aktualität der vorgestellten Inhalte.

www.derQuerleser.de

ISBN digitale Ausgabe: 9782808005807

ISBN gedruckte Ausgabe: 9782808005814

Pflichtexemplar: D/2017/12603/833

Cover: © Plurilingua

Logo: © Graphicrepublic (Freepik.com) und
Plurilingua

In Zusammenarbeit mit Alexandre Randal für das
Kapitel „Gesetze, die den Rassismus schüren sollen"
und den Exkurs „Go Set a Watchman".

Digitale Aufbereitung: Primento, der digitale Partner
der Herausgeber